Low Carb für Kinder

Die gesündesten Kindergerichte mit Low Carb

100 Rezepte

Von Lisa Kraus

Inhaltsverzeichnis

Frühstück:

Low Carb Pancakes:

- 270ml Milch, Mandelmilch oder verdünnte Kokosmilch
- 3 Eier
- 35g Kokosmehl
- 60G Vanille-Eiweißpulver
- 20g Erythrit
- 1/2TL Backpulver
- gemahlene Bourbon-Vanille
- Kokosöl zum Braten

1. Zutaten schaumig mischen, Koksmehl kurz quellen lassen
2. Pancakes in Kokosöl von beiden Seiten ausbraten

Bacon-Apfel-Rührei:

- 12 Eier
- 300g Apfel Boskop, gewürfelt
- 300g BaconWürfel
- Salz, Pfeffer

1. Eier verquirlen, mit Salz und Pfeffer würzen
2. Baconwürfel braten
3. Apfelstücke untermischen
4. Rührei hinzufügen, unter Rühren braten lassen

Frühstücks-Shake:

- 400ml Kokosmilch
- 600ml Wasser
- 2 Avocados, Fruchtfleisch gewürfelt
- 100g VanilleEiweißpulver
- 200g gefrorene Himbeeren
- 20g AroniaPulver
- (einige Aroniabeeren zur Dekoration)

1. Alles außer den Beeren im Mixer kräftig mischen
2. evtl. mit Beeren dekorieren

Rhabarber-Frühstücksbrötchen:

- 250 g Quark 20%Fett
- 3 Eier
- 50g Vanille-Eiweißpulver
- 50g Kokosmehl
- 40g gehackte Paranüsse
- 20g Chia-Samen
- 65g Erythrit
- 1TL Backpulver
- 1/2 TL Guarkernmehl
- 200g Rhabarberstücke (geschält und klein geschnitten)

1. Backofen auf 175 Grad Umluft vorheizen
2. Alles außer dem Rhabarber in Rührschüssel gut durchmischen
3. Rhabarberstücke unterheben
4. Brötchen formen, auf Blech mit Backpapier 30 Minuten backen

Chia-Apfelschmarrn:

- 4 Eier
- 400ml Milch
- 40g Kokosmehl
- 60g Vanille-Eiweißpulver
- 40g Chia-Samen
- 1TL Backpulver
- 4TL Stevia-Streupulver mit Erythrit
- 300g säuerliche Äpfel, geschält und in Stücke geschnitten
- 40g Kokosöl zum Braten
- 40g Puder-Erythrit
- (evtl. etwas Zimt, Vanille oder Spekulatiusgewürz)

1. Alles außer die Äpfel kräftig mixen
2. Apfelstücke bei mittlerer Hitze anbraten
3. Teigmischung hinzufügen, wie einen Pfannkuchen braten
4. Zerteilen und vorsichtig wenden
5. Mit Puder-Erythrit bestreuen

Low-Carb-Knäckebrot:

- 4EL geschrotete Leinsamen
- 4EL Leinsamenmehl
- 6EL Wasser
- Prise Salz
- 1EL Sesam

1. Alles außer Sesam vermischen
2. Teigmasse auf Backblech mit Backpapier ausbreiten, flachdrücken
3. Nach Belieben Formen ausstechen oder zurechtschneiden, mit Sesam bestreuen
4. In Mikrowelle auf höchster Stufe 5 Minuten ausbacken

Spinat-Tomaten-Krabbenrührei:

- 12 Eier
- 100g Frischkäse
- 4TL Sahne-Meerrettich
- 400g Nordeseekrabben in Lake
- 300g Tiefkühl-Blattspinat
- 600g Kirschtomaten
- Salz, Pfeffer
- 40ml Kokosöl zum Braten

1. Tomaten halbieren oder vierteln, Wasser aus Spinat ausdrücken
2. Eier mit Frischkäse, Meerrettich, Salz und Pfeffer pürieren
3. Tomaten und Spinat anbraten
4. Krabben abtupfen, in Pfanne dazugeben
5. Eiermischung dazugeben, unter Rühren stocken lassen

Erdbeer-Mandel-Pfannenpizza:

Teig:

- 4 Eier
- 200ml Milch oder ähnliches
- 60g Vanille-Eiweißpulver
- 40g Erythrit
- 60g Mandelmehl,nicht entölt
- 20g Kokosöl zum Braten

Belag:

- 60g Mandelblättchen
- 60g zuckerfreie Schokodrops Weiss
- 40g Erythrit
- 400g Erdbeeren

1. -Teig anrühren, mit Kokosöl in Pfanne geben, 10 Minuten im Backofen backen
2. -Fertigen, noch heißen Teigboden mit Belag belegen

Gemüse-Rührei:

- 12 Eier, zu Rührei gemacht, mit Salz, Pfeffer und Curry kräftig gewürzt
- 200g rote Zwiebeln
- 200g Karotte
- 200g Zucchini, gewürfelt
- 200g rote Paprika, gewürfelt
- 200g Kirschtomaten, geviertelt
- 40g Kokosöl

3. Zwiebeln und Karotten anbraten
4. Nach 3 Minuten Zucchini und Paprika hinzufügen, 3 Minuten braten
5. Kirschtomaten und Rührei hinzufügen, Rühren und stocken lassen

Low-Carb-Brot mit Knusperkruste

- 200g Mandeln blanchiert, gemahlen
- 250g Sonnenblumenkerne
- 50g Flohsamenschalen
- 50g geschroteter Leinsamen
- 50g Haselnüsse, gehackt
- 80g Chia-Samen
- 1TL Natron
- 1TL Meersalz
- 450ml warmes Wasser
- 30g Kokosöl
- 1EL Balsamico

1. -Alle trockenen Zutaten gut durchmischen
2. -Kokosöl, Wasser und Balsamico hinzufügen, alles durchkneten
3. -Teig ca. 10 Minuten ruhen lassen
4. -In Brotform formen, auf Backblech mit Backpapier 60 Minuten backen (180 Grad Ober/Unterhitze oder 160 Grad Umluft)

Schnelle Sonnenblumenbrötchen:

- 200g Quark 40%
- 60g Sonnenblumenkerne
- 80g Haferkleie
- 4 Eier
- 1TL Natron

1. Alles gut miteinander verquirlen, 5 Minuten quellen lassen
2. Masse gleichmäßig aufteilen, in mikrowellenfähiges Gefäß füllen
3. 5 Minuten bei 650W in Mikrowelle backen

Bauernfrühstück:

- 800g Topinambur
- 2 Zwiebeln, gewürfelt
- 4 Frühlingszwiebeln, in kleine Ringe geschnitten
- 8 Eier
- 100ml Vollmilch
- 300g Minitomaten, geviertelt
- 250g gewürfelter Katenschinken
- 4EL Olivenöl zum Braten
- 2EL Paprikapulver
- Salz
- Pfeffer

1. Topinambur in dünne Scheiben schneiden, im Olivenöl anbraten
2. Zwiebelwürfel zugeben, ebenfalls anbraten
3. Katenschinkenwürfel hinzufügen, alles mit Paprikapulver würzen
4. Bis zur gewünschten Bräunung braten
5. Eier in Milch verquirlen, in die Pfanne dazugeben
6. Tomaten und Frühlingszwiebeln dazugeben, alles bei niedriger Temperatur langsam stocken lassen

Power-Müsli:

- 400g Magerquark
- 4-5EL Chiasamen
- 2TL Spirulina-Pulver
- 160ml Mandelmilch
- 4TL Xucker
- 80g Ananas, Ananas
- 160g Erdbeeren, kleingeschnitten
- 4TL Gojibeeren
- 4TL Kürbiskerne
- 4TL Sonnenblumenkerne
- 4TL Cashewkerne
- Prise Zimt
- 4 Zweige frische Minze

1. Quark, Mandelmilch, Chiasamen, Spirulina-Pulver und Xucker kräftig vermischen
2. Obst, Beeren und Kerne auf den Quark geben
3. Etwas Zimt drübertstreuen, mit Minzblatt garnieren

Bacon and Eggs:

- 8 Eier
- 8 Lagen Frühstücksspeck
- 16 Cherry-Tomaten
- Frische Kräuter
- Salz
- Pfeffer

1. Frühstücksspeck knusprig anbraten, dann beiseite stellen
2. Eier zu Spiegelei anbraten, halbierte Tomaten hinzugeben
3. Mit Salz und Pfeffer würzen, alles zusammen anrichten

Spinat-Omelette:

- 6 Hände voll Blattspinat
- 6 Frühlingszwiebeln
- 16 Blätter Basilikum
- 6 Eier
- Milch
- 1 Zwiebel
- 6 Kirschtomaten
- 4EL Öl
- etwas Knoblauch
- Muskat, Salz, Pfeffer

1. Zwiebeln, Frühlingszwiebeln und Knoblauch klein schneiden, nbraten
2. Tomaten und Spinat hinzugeben
3. Eier und Milch verquirlen, mit Gewürzen abschmecken
4. Wenn Spinat zusammengefallen ist, Eiermasse darübergeben
5. Bei mittlerer Hitze stocken lassen, von beiden Seiten gold-braun braten

Nuss-choko Creme:

- 150ml Mandelmilch
- 100g gemahlene Haselnüssse
- 3EL Kakaopulver, entölt
- 3EL Schoko-Proteinpulver
- Süßstoff nach Geschmack

1. Alle Zutaten zu einer cremigen Masse verrühren

Sattmacher-Müsli:

- 500g Magerquark
- 8-9EL Wasser
- 4EL Leinsamen
- 4-5EL Walnüsse, gehackt
- Süßstoff nach Geschmack
- beliebiges Obst

1. Magerquark und Wasser verrühren
2. Leinsamen hinzugeben, 10 Minuten quellen lassen
3. Obst zurechtschneiden, mit Walnüssen zum Quark geben, umrühren
4. nach Belieben süßen

Schinkenwrap:

- 8 große Kochschinken-Scheiben
- 8 Eier
- klein geschnittenes Gemüse (Oliven, Paprika, Tomaten, Frühlingszwiebeln, Spinat)
- Salz, Pfeffer

1. Gemüse kurz anbraten, würzen
2. Eier verquirlen, über Gemüse geben
3. Anbraten, stocken lassen
4. Alles vorsichtig im Schinken einrollen, evtl. mit Zahnstocher sichern

Mandelmilch:

- 100g gemahlene blanchierte Mandeln ODER 2-4EL Mandelmus/püree
- 750ml Wasser
- Stevia nach Bedarf
- 1 Prise Salz

1. Wasser zu gemahlenen Mandeln hinzugeben bis eine milchige Flüssigkeit entsteht
2. Durch ein Küchentuch pressen, mit Stevia und Salz abschmecken
3. ODER
4. Mandelmus mit 1L Wasser gut vermixen

Sandwich mit Lachs und Kresse:

- 8 Salatblätter
- 4 Tomaten, in Scheiben geschnitten
- 4 80g-Scheiben Low-Carb-Brot
- 2EL Kräuterfrischkäse
- 240g Räucherlachs
- 6EL frische Kresse

1. Brotscheiben mit Frischkäse bestreichen
2. Je Scheibe zwei Salatblätter
3. Tomaten, Lachs und Kresse gleichmäßig verteilen
4. Brot zum Sandwich zusammenklappen

Avocado-Smoothie:

- 4 Avocados, in Stücke geschnitten
- 16TL Hanfsamen
- 16TL gehackte Kräutermischung
- 4EL geriebener Parmesan
- 8TL Olivenöl
- 16EL griechischer Joghurt
- schwarzer Pfeffer

5. Alles mit etwas Wasser im Mixer pürieren
1. Mit Wasser gewünschte Konsistenz erreichen

Schinken-Spargel-Rollen:

- 8 Stangen Spargel, in Stücke geschnitten
- 4TL Mayonnaise
- 1TL Senf
- 4TL Joghurt
- 4 fertige Tortillas
- 4 Scheiben Kochschinken
- 4TL Radieschensprossen
- Pfeffer, Salz

1. Spargel ca. 5 Minuten braten, würzen
2. Mayonnaise, Senf und Joghurt vermischen, Salz und Pfeffer zugeben
3. Mischung auf Tortillas streichen, mit Schinken, Spargel und Sprossen belegen
4. Zusammenrollen

Melonen-Feta-Salat:

- 600g Melone, gewürfelt
- 300g Feta, gewürfelt
- 200g schwarze Oliven, entsteint
- 2-3 Minz-Zweige

1. Zutaten gleichmäßig als Salat mischen und verteilen

Avocado-Beef-Sandwich:

- 2 Avocados
- 4TL Zitronensaft
- 8TL geschnittene Schnittlauchhalme
- 8 Scheiben Vollkorntoast
- 4TL Senf
- 16 getrocknete Tomaten
- 4 40g-Scheiben Corned-Beef

1. Avocados und Zitronensaft mit Gabel zerdrücken, Schnittlauch unterrühren
2. 4 der Toastscheiben mit Senf bestreichen, die anderen mit Avocadomus
3. Tomaten und Corned-Beef darauflegen, Scheiben zusammenklappen

Low-Carb-Waffeln:

- 8 Eier
- 200g Quark-Alternative
- 120g Butter
- 80g Whey-Proteinpulver Vanille
- 2EL Sonnenblumenöl
- evtl. Vanille Aroma
- Erythrit Puder-Xucker

1. Alles außer Proteinpulver gut vermischen, dann Proteinpulver hinzugeben, verrühren
2. Waffeln im Waffeleisen ausbacken
3. Mit Puderzuckerersatz bestreuen

Mittagessen:

Rinderfilet mit Tomaten-Avocado-Salat:

- 4 Rindermedallions, (je ca. 200g)
- 4 Frühlingszwiebeln
- 800g Tomaten
- 2 reife Avocados
- 4EL Limettensaft
- 1TL Chiliflocken
- Salz
- Pfeffer
- 4El Olivenöl
- 20 Koriandergrün-Stiele

1. Frühlingszwiebeln in Ringe schneiden, Tomaten und Avocados würfeln
2. In Schüssel geben, mit Limettensaft, Chiliflocken, Korianderblättchen und 1El Öl mischen, salzen
3. Fleisch mit Salz und Pfeffer würzen, gar braten
4. Zusammen anrichten

Pilzgeschnetzeltes mit Kürbisstampf:

- 1kg Muskatkürbis
- Salz
- Pfeffer
- Muskatnuss, frisch gerieben
- 600g kleine Champignons
- 2 Zwiebeln
- 6EL Butterschmalz
- 800g Schweinegeschnetzeltes
- 200ml Weißwein
- 300g Schlagsahne
- 1 Bund Schnittlauch

1. Kürbis schälen, würfeln
2. Kürbiswürfel, 8EL Wasser, Salz und Muskatnuss aufkochen, weich dünsten
3. Kürbis zerdrücken
4. Champignons halbieren, Zwiebeln würfeln, in 4EL Butterschmalz 5min. braten
5. Fleisch braten, mit Pilzen mischen, würzen mit Salz und Pfeffer, Weißwein dazugeben
6. Schlagsahne zugeben, milde Hitze, 5min. offen kochen lassen
7. Geschnetzeltes und Kürbisstampf mit Schnittlauch bestreuen und anrichten

Mediterrane Gemüsepasta-Pfanne:

- 1kg Zucchini-Spaghetti
- 400g Möhren-Spaghetti
- 400g halbierte Kirschtomaten
- 100g gehackte rote Zwiebel
- 4 Zehen Knoblauch klein gewürfelt
- 300g Halloumi geschnitten
- 100g Oliven
- 150g Avocado gewürfelt
- 2EL Rosmarin
- 40ml Olivenöl

1. Sauce: Gemüse und Kräuter (außer Möhren und Zucchini) im Olivenöl braten, 5-6 Minuten schmoren lassen
2. Karotten- und Zucchini-Spaghetti anbraten, fertig garen
3. Mit der Sauße anrichten

Blumenkohl mit Kasseler:

- 2TL Mehl
- etwas Öl
- 2 Blumenkohle (ca 1,2kg), in Röschen geschnitten
- Salz,Pfeffer,Muskatnuss
- 2 magere Kasseler-Aufschnitte (360g), gewürfelt
- 1 Beet Gartenkresse

1. Mehl mit 200ml Wasser gut vermengen
2. Blumenkohl in Öl im Topf unter Rühren andünsten, würzen, dann zugedeckt in Wasser dünsten
3. Kasseler unter Blumenkohl mischen, fertig dünsten
4. Mehlmischung hinzugeben, kurz aufkochen
5. Würzen und mit Gartenkresse bestreuen

Gebratener Blumenkohl mit Kräutern:

- 2 Blumenkohle je 600g, in Röschen
- 4 Knoblauchzehen, fein gehackt
- 4EL Olivenöl
- 4 Basilikum-Stängel, gehackt
- 4 Petersilien-Stängel, gehackt
- 2TL Kurkuma
- Salz, Pfeffer

1. Öl, Knoblauch und Gewürze vermischen, Blumenkohl hineingeben, durchschwenken
2. Blumenkohl braten
3. Kräuter dazugeben

Steak auf Frühlingszwiebeln mit Kirschsauce:

- 4 Rindersteaks je 180g
- 1 Bund Frühlingszwiebeln, in Streifen geschnitten
- 1 Glas Kirschen
- 1 Schalotte, fein gewürfelt
- 6 Rosmarinstängel
- 2EL Olivenöl
- 1EL Xucker
- Salz, Pfeffer, Zimt
- 100ml Wasser

1. Sauce:Schalotte in Pfanne anschwitzen, Xucker dazugeben, mit Kirschsaft, Essig und Wasser ablöschen, aufkochen, 5-10 Minuten köcheln lassen
2. Sauce mit Salz, Pfeffer und Zimt würzen
3. Steaks gar braten
4. Frühlingszwiebeln anbraten, gehackten Rosmarin dazu, würzen
5. Fleisch mit Zwiebeln anrichten, mit Kirschsauße übergießen

Lachsfilet mit Dill:

- 4 Lachsfilets je 250g mit Haut
- 2 Zitronen, in Schiffchen geschnitten
- 2TL Olivenöl
- 1 Bund Dill
- Meersalz, Pfeffer

1. Lachs beidseitig anbraten
2. Lachs würzen, Dill dazugeben, im Ofen bei 170 Grad 10-15 Minuten garen
3. Mit Zitronen servieren

Sellerie-Curry mit Kokossauce:

- 500ml Gemüsebrühe
- 2 Knoblauchzehen, gehackt
- 800g Knollensellerie
- 2 Chilischoten, gehackt
- 100g Champignons
- 400g Brokkoli
- 2 Lauchzwiebeln
- 4EL Kokosmilch
- 2EL Curry
- 4 Korianderstiele, gehackt

1. Champignons, Sellerie, Brokkoli, Zwiebeln klein schneiden
2. Zwiebeln, Knoblauch andünsten, restliches Gemüse dazu, 3min. weiterdünsten
3. Würzen mit Curry, Salz, Pfeffer
4. Ablöschen mit Brühe, Kokosmilch, Limettensaft, 20min. zugedeckt garen, Koriander drüberstreuen

Überbackene Champignons:

- 28 mittelgroße Champignons
- 1 rote Paprika, klein gewürfelt
- 2 Frühlingszwiebeln, in Ringe geschnitten
- 2 Rosmarinzweige, fein gehackt
- 120g Gouda, gerieben
- 200g Frischkäse
- 2EL Sonnenblumenöl
- Paprika, Salz, Pfeffer(weiß)

1. Stiele von Champignons entfernen, Stiele grob hacken
2. Champignonstiele anbraten, Paprika dazugeben, Frühlingszwiebel und Frischkäse dazugeben, verrühren
3. Mischung in Schüssel füllen, Paprikapulver und Rosmarin dazu, würzen
4. Mischung in Pilze füllen, mit Gouda bestreuen
5. Bei 200 Grad(Umluft) 15 Minuten im Ofen garen

Gebratene Avocado im Speckmantel:

- 4 Avocados, geviertelt
- Saft einer Limette
- 600g Bacon
- 2EL Olivenöl
- Meersalz, Pfeffer

1. Avocadostücke mit Limettensaft beträufeln
2. Avocadostücke in Speck einrollen
3. Von allen Seiten braten, würzen

Gegrillte Hähnchenbrust mit Gemüsewürfel:

- 4 Hähnchenbrustfilet je 150g
- 2 kleine Zucchini
- je 2 grüne und rote Paprika
- 6-7 Zweige Thymian
- 2 Knoblauchzehen
- Paprikapulver, Kurkuma
- 2EL Olivenöl
- Salz, Pfeffer

1. Gemüse und Knoblauch fein würfeln
2. Gewürze mit Öl mischen, Hähnchenfilets darin wenden
3. Filets braten, danach Gemüse braten
4. Mit Thymian gemeinsam anrichten

Rückensteak mit Tomatengemüse:

- 4 Schweinerückensteaks je 125g
- 160g weiße Bohnen
- 4TL Olivenöl
- 12 Salbeiblätter
- etwas Senf
- 500g Kirschtomaten, halbiert
- 1/4 Knoblauchzehe, fein gehackt
- 4 Handvoll Rucola
- Chiliflakes
- Salz, Pfeffer

1. Fleisch mit 2 Salbeiblättern gut anbraten
2. Mit Senf bestreichen, mit Salbei belegen, im Ofen bei 100 Grad 30 Minuten gar ziehen lassen
3. Tomaten, Knoblauch, Salbei in Pfanne geben, würzen, auch in Ofen stellen
4. Rucola vor Servieren in Gemüse mischen, alles anrichten

Bratwurst:

- 340g gemischtes Hackfleisch
- 2 Knoblauchzehen
- etwas Senf
- je 1/2TL Koriander und Kreuzkümmel, gemahlen
- 1/2TL Salz
- Pfeffer

1. Hack in Schüssel, Knoblauch dazupressen, Gewürze dazu, alles durchkneten
2. zu Würstchen formen, mit Öl bepinseln, ca. 10 Minuten grillen

Pikante Ananas auf Chinakohl:

- 1 Ananas, in dünnen Scheiben
- 1 kleiner Chinakohl, klein geschnitten
- 4 kleine Möhren, gehobelt
- 2 Schalotten, gehackt
- 2 Chilischoten, in Ringen
- 2EL Sesam, geröstet
- Zitronensaft von 2 Zitronen
- 2TL Honig
- 4 Korianderstiele

1. Schalotte in Olivenöl anbraten, Ananas, Chili und Möhren dazu, mitbraten
2. Zitronensaft und Honig unterrühren, würzen
3. Chinakohl untermischen, anrichten, Sesam und Koriander drüberstreuen

Omelett-Wrap mit Schinken:

- 4 Eier
- 8TL Öl
- 4 Möhren, geraspelt
- 4 Frühlingszwiebeln, in feine Ringe geschnitten
- 12 Petersilienstiele, fein gehackt
- 400g Magerquark
- 8 Scheiben Kochschinken
- Salz, Pfeffer

1. Ei und Öl verquirlen, würzen
2. Masse in Öl braten, von beiden Seiten
3. Möhren, Zwiebeln, Petersilie in Quark rühren, würzen
4. Schinken auf Omelett legen, mit Quark bestreichen, aufrollen

Gulasch mit grünen Bohnen:

- 2 Bohnenkrautstiele
- 6 Zwiebeln, in Spalten
- 4 Tomaten, geachtelt
- 600g Schweinefleisch, für Gulasch gewürfelt
- 4TL saure Sahne
- 400g grüne Bohnen, in Stücken
- 2EL Öl
- Salz, Pfeffer, Paprikapulver

5. Fleisch in Öl anbraten, Zwiebeln dazu, würzen
6. 250ml Wasser dazu, 30 Minuten schmoren
7. Bohnen, Bohnenkraut, Tomaten dazugeben, 30 Minuten garen
8. Sahne unterrühren, Abschmecken

Kalte Tomatensuppe:

- 1 kleine Dose geschälte Tomaten
- 1 Dose gewürfelte Tomaten
- 1 Orange, in Spalten
- 1 Minigurke, in Stücken
- 1TL Harissa
- Saft von 1/2 Zitrone
- 1 Basilikumbund
- Meersalz
- Olivenöl

1. Tomaten, Gurken, Orangen pürieren
2. Würzen und Abschmecken, Basilikum und Olivenöl zum Servieren

Fischfrikadellen:

- 600g Schellfischfilet, fein gehackt
- 4 Knoblauchzehen, fein gehackt
- 1/2 Bund Petersilie, fein geschnitten
- 1 Zitrone
- 2 kleines Ei
- 6EL Semmelbrösel
- 2EL Meerrettich

1. Zitrone auspressen
2. Fisch mit Knoblauch, Zitronenschale, Ei, Semmelbrösel, Meerrettich und Petersilie mischen
3. gleichmäßige Frikadellen formen, goldbraun braten, evtl. mit Zitronensaft servieren

Kalamares vom Grill:

- 4 mittelgroße Tintenfischtuben
- 1 Zitrone
- 3 Knoblauchzehen, in dünnen Scheiben
- Salz, Pfeffer
- 1EL Olivenöl
- etwas Weißwein
- 3EL Mayonnaise
- 2EL Joghurt
- Saft von halber Limette
- etwas Tabasco

1. Tintenfisch längs in Streifen schneiden, mit Zitronensaft, Knoblauch, Gewürzen, Öl und Wein marinieren, 2-3 Stunden ziehen lassen
2. Knusprig grillen
3. Restliche Zutaten für Dip verrühren

Würzig-überbackene Forelle:

- 4 kleine Forellen, küchenfertig
- 2 Bund Koriander, frisch
- 2 Fenchelknollen, in feinen Streifen
- 8EL Weißwein
- 2 Blutorangen, in Scheiben
- 2 Stück frischer Ingwer, fein gehackt
- Salz, Pfeffer

1. Fisch würzen, auf Küchenpergament legen
2. Fenchel, Orangen und Ingwer auf Fische verteilen, je 2EL Wein darüber, dann Korianderblättchen, Papier zufalten
3. Bei 200 Grad 30 Minuten im Ofen garen

Thunfischwrap:

- 4 Fertig-Wraps
- 4EL Mayonnaise
- 100g Rucola
- 200g Salatgurke, in Stifte geschnitten
- 2 Dosen Thunfisch
- 2EL Petersilie, gehackt
- Salz, Pfeffer

1. Wraps nach Anleitung wärmen, auslegen, mit Mayo bestreichen
2. Mit Thunfisch, Gurkenstiftchen und Rucola belegen
3. Petersilie drüberstreuen, salzen, pfeffern, fest aufwickeln

Garnelencurry mit Ingwer:

- 400g Garnelen
- 4 Möhren, klein geschnitten
- 2 Lauchzwiebeln, klein geschnitten
- 2 Knoblauchzehen, gehackt
- 2 Ingwerstücke, gehackt
- 4 Korianderstiele, gehackt
- 2 Limetten, in Scheiben
- 4EL Öl
- 4EL getrocknete Cranberries
- 4TL Honig

1. Garnelen braten, dann herausnehmen
2. Knoblauch und Ingwer im Bratfett andünsten
3. Gemüse, Cranberries, Limette, 100ml Wasser dazu, 8 Minuten schmoren
4. Garnelen dazu, würzen, Koriander drüber

Sate-Garnelen:

- 2 Knoblauchzehen, klein geschnitten
- 20 Garnelen
- 2 Limetten
- 2 Nektarinen, gewürfelt
- 2TL Olivenöl
- 4EL Erdnussbutter
- 1 Chilischote, fein gehackt
- frischer Ingwer, fein gehackt
- Salz, Pfeffer

1. Garnelen auf Spieße stecken
2. Eine Limette auspressen, andere in Scheiben schneiden
3. Knoblauch, Limetten, Garnelenspieße braten, würzen, rausnehmen
4. Erdnussbutter ins Bratfett, Ingwer, Chili, Limettensaft dazu, kurz erhitzen
5. Zutaten pürieren, würzen, mit Garnelenspießen anrichten

Möhrensuppe mit Clementinen:

- 2 Zwiebeln, gehackt
- 2 Ingwerstücke, gehackt
- 600g Möhren
- 6 Clementinen
- 2TL Maiskeimöl
- 2TL Honig
- 1L Gemüsebrühe
- Salz, Pfeffer

1. Clementinen auspressen, schälen, filetieren, Saft auffangen
2. Zwiebel und Ingwer in Öl anbraten, Möhren und Honig dazu, 5min. dünsten
3. Brühe dazu, 20min köcheln, dann pürieren, abschmecken mit Salz, Pfeffer, Clementinensaft
4. Mit Fruchtfilets anrichten

Blumenkohl-Curry-Rösti:

- 1 Blumenkohlkopf, in Röschen
- 400g Kefir
- Currypulver
- Salz, Pfeffer
- 2TL Weizenkeimöl
- 4TL Sonnenblumenöl
- 60g Sauerampfer

1. Blumenkohl bissfest dünsten
2. Kefir, Salz, Pfeffer, Curry und Weizenkeimöl verrühren
3. Blumenkohl in Scheiben schneiden, braun anbraten, würzen
4. Blumenkohl mit Sauerampfer und Dip anrichten

Abendessen:

Avocado-Thunfisch-Salat:

- 4 Avocados, in dünne Streifen geschnitten
- 4 Dosen Thunfisch
- 4EL Kapern
- Salz, bunter Pfeffer
- 4EL Olivenöl

1. Thunfisch und Avocado zusammen anrichten, Kapern dazugeben
2. Abschmecken mit Salz, Pfeffer und Olivenöl

Lammrücken mit grünem Spargel:

- 1,2kg Lammrücken
- 2 Knoblauchknollen
- je 1 Bund Rosmarin und Thymian
- 4EL Olivenöl
- 1kg grüner Spargel
- 2EL Olivenöl
- 2EL Butter
- Salz, bunter Pfeffer

1. vom Lamm oberste Fettschicht, Haut und Sehnen entfernen, salzen, pfeffern
2. Lamm von allen Seiten im Bräter anbraten
3. Knoblauch und Kräuter dazugeben, im Ofen bei 160 Grad(Umluft) 30-35 Minuten garen
4. Spargelstangen anbraten
5. Gemeinsam servieren

Curry-Garnelen:

- 400g Garnelen
- 4EL Öl
- 1TL Curry
- 4 Römersalatherzen, dünne Spalten
- 600g Tomaten, gewürfelt
- 200g Zuckerschoten, dünne Streifen
- 4EL Zitronensaft
- 8 Minzstiele
- Salz, Pfeffer

1. Garnelen mit Öl und Curry durchmischen
2. Garnelen braten, mit Salz und Pfeffer würzen, mit Zitronensaft ablöschen
3. Zuckerschoten anbraten
4. Garnelen mit Gemüse anrichten, Minze drübergeben

Gemüsesalat mit Gurke und Ei:

- 200g Blattsalat
- 8 gekochte Eier, halbiert
- je 1 rote, gelbe und orange Paprika in dünne Streifen geschnitten
- 1 rote Zwiebel, in dünne Ringe geschnitten
- 1/2 Salatgurke, geschält, in Scheiben
- 10-11 Kirschtomaten, geviertelt
- Salz, Pfeffer
- evtl. Olivenöl

1. Fertige Zutaten als Salat vermengen, würzen, evtl. mit Olivenöl beträufeln
2. Anrichten

Zucchinicremesuppe:

- 1 große Zucchini (etwa 400g), gewürfelt
- 200ml Gemüsefond
- 1 Becher Crème-Fraiche
- 1 Zwiebel, klein geschnitten
- 1 Knoblauchzehe, klein geschnitten
- 1cm Ingwer, gerieben
- 1/2 Petersilienbund
- 1/2 rote Chilischote, entkernt, gehackt
- 1EL Olivenöl
- Salz, Pfeffer

1. Zwiebel in Topf mit Öl andünsten, mit Fond ablöschen
2. Zucchini, Knoblauch, Chili und Ingwer dazugeben, bei kleiner Hitze köcheln lassen
3. Wenn Zucchini gar ist, Petersilie und Crème-Fraiche dazu, verrühren
4. Würzen, mit Pürierstab fein pürieren

Melonensalat mit Schinken:

- 2 Cantaloupe-Melonen
- 8 Kochschinken-Scheiben
- 6-7 kleine Mozzarella-Kugeln
- je 2-3 Stiele Minze, Basilikum, Petersilie, gehackt

1. Mit Kugelausstecher Melonenkugeln herauslösen
2. Melone, Kräuter und Mozzarella zusammengeben
3. Schinken darauflegen

Fisch in Tomatensauce:

- 2 Zwiebeln, fein gehackt
- 2 Knoblauchzehen, fein gehackt
- 4EL Olivenöl
- 4TL Tomatenmark
- 2 Dosen geschälte Tomaten (850g)
- Salz, Pfeffer, Oregano
- 800g Seelachsfilet, 3cm-groß gewürfelt
- 4EL gehackte Petersilie

1. Zwiebeln und Knoblauch in Öl andünsten
2. Tomatenmark dazugeben, mitdünsten
3. geschälte Tomaten dazugeben, würzen, aufkochen, 10 Minuten köcheln lassen (mittlere Hitze)
4. Fischstücke in Sauce geben, zugedeckt gar ziehen lassen

5-Minuten-Roastbeef:

- 2 doppelte Rumpsteaks (je 400g)
- 12EL Olivenöl
- 6EL Zitronensaft
- 200g Rucola
- 20 Kirschtomaten
- Salz, Pfeffer
- 4 Rosmarin-Zweige, fein gehackt

1. Rosmarin mit 4EL Öl und 2EL Zitronensaft verrühren
2. Fleisch scharf anbraten
3. Tomaten zugeben, scharf anbraten
4. Fleisch in Scheiben schneiden, auf ofenfeste Platte legen, mit Rosmarinöl beträufeln, würzen, Tomaten rundherum legen
5. Im Ofen bei 250 Grad (Unterhitze) 7-8 Minuten auf unterster Schiene erhitzen
6. Rucola mit Öl dazugeben

Räucherlachs mit Zitrone:

- 500g Räucherlachs
- 1 Zitrone
- 2-3 Petersilien-Stiele
- Meersalz

1. Halbe Zitrone auspressen, andere Hälfte in schmale Schiffchen schneiden
2. Lachsscheiben einzeln einrollen
3. Zitronensaft, Petersilie und Salz zum Lachs geben, mit Zitronen anrichten

Gegrillte Kürbisringe:

- Halber Butternutkürbis (oder Süßkartoffeln)
- Olivenöl
- Salz,Pfeffer

1. Kürbis schälen, in 0,5cm Ringe schneiden, Inneres entfernen
2. Mit Öl bepinseln, grillen, würzen

Sashimi:

- Lachsfilet
- Thunfischfilet

1. Fischfilets in mundgerechte Stücke schneiden
2. evtl. mit Sojasauße und Wasabi serviern (roh)

Kohlrouladen mit Hackfleisch:

- 100g Schalotten
- 1 Weißkohl
- 1TL Kümmel
- 1EL Tomatenmark
- 1 Stange Porree, feine Ringe
- 1 400ml-Glas Gemüsefond
- 400g Hackfleisch
- 1 Ei

1. Acht große Weißkohlblätter kochen, flach ausbreiten, Restkohl hacken
2. Hackfleisch mit Porree und Ei verkneten, würzen
3. Mischung auf Kohlblätter verteilen, aufrollen, feststecken
4. Rouladen in Öl anbraten, mit Fond ablöschen, 40 Minuten schmoren

Rindercurry mit Fenchel:

- 200g Amaranth
- 2 Ingwerstücke, gehackt
- 2 große Fenchelknollen, in Streifen
- 400ml Gemüsebrühe
- 4 Möhren, in Scheiben
- 8EL Kokosmilch
- 2TL Currypulver
- 600g Rinderfilet, in Streifen
- 2 Zwiebeln, gehackt
- 2 Knoblauchzehen, gehackt
- 2EL Öl

1. Amaranth 15min. gar kochen
2. Rinderfilet anbraten, Gemüse dazu, auch anbraten
3. Kokosmilch, Brühe, Curry dazu, zudecken und 20min. schmoren
4. Abschmecken, mit Amaranth anrichten

Entenleber auf Feldsalat:

- 4 EL rote Linsen
- 150ml Gemüsebrühe
- 4TL Olivenöl
- 4EL Himbeeressig
- 150g Feldsalat
- 2 Kaki, kleingeschnitten
- 200g Entenleber
- 2TL Sesamsamen
- Salz, Pfeffer

1. -Linsen in Brühe 7min. quellen lassen, mit Öl, Himbeeressig, Salz und Pfeffer abschmecken
2. -Salat und Kaki mit Dressing anrichten
3. -Leber in Öl braten, würzen, auf Salat anrichten, Sesam drüberstreuen

Schweinefilet mit Senfkruste:

- 2 Schweinefilets je 400g
- 4TL körniger Senf
- 2TL Honig
- 2 Knoblauchzehen, durchgepresst
- 3EL Olivenöl
- 0,5 Bund Thymian
- Salz, Pfeffer

1. Marinade :Senf, Honig, Knoblauch, Öl, Salz, Pfeffer verrühren, Thymian unterrühren
2. Fleisch darin einlegen, wenden, 1Std. ziehen lassen
3. Fleisch garen auf Grill oder Pfanne

Gefüllte Paprika:

- 2 Knoblauchzehen, klein geschnitten
- 2 Zwiebeln, klein geschnitten
- 4TL Öl
- 600g Hackfleisch
- 1 Chilischote, fein gehackt
- 4 große Fleischtomaten, gewürfelt
- 4 rote Paprikas
- 400ml Gemüsebrühe

1. Knoblauch und Zwiebeln glasig dünsten
2. Hack dazugeben, braten, würzen mit Chili
3. Deckel von Paprikas abschneiden, Hackmischung einfüllen
4. Tomaten in Topf in Öl anschmoren, Brühe dazu, Paprikas draufsetzen
5. Zugedeckt 30min. bei schwacher Hitze köcheln

Blumenkohlpizza mit Zucchini:

- 2 kleine Blumenkohle
- 4 Eier
- 240g Pizzaschmelz
- 2 Zucchini, in Scheiben
- 6 Frühlingszwiebeln, klein geschnitten
- 4EL Tomatenpüree
- 2EL gehackte Kräuter
- Chili, Salz

1. Blumenkohl kochen, in Mixer zu Brei zerkleinern
2. Mit Eiern, Hälfte vom Pizzaschmelz und Salz mischen
3. Blumenkohlteig glatt auf Blech ausbreiten
4. 15min. bei 180 Grad Umluft backen
5. Tomatenpüree mit Kräutern und Chili auf Pizzaboden verteilen, mit Zucchini, Zwiebeln und Pizzaschmelz belegen, weitere 10 Minuten backen

Tomaten-Minze-Gazpacho:

- 1 Dose geschälte Tomaten, ohne Strunk
- 1 geschälte Biogurke, gewürfelt
- 1 rote Paprika, gewürfelt
- 3 Knoblauchzehen, durchgepresst
- 60g gemahlene Mandeln
- 6EL Sherryessig
- Salz, Pfeffer
- 5EL Olivenöl
- 3 Minzstiele, gehackt
- Staudensellerie

1. Alles außer Sellerie und Minze vermischen, stückig pürieren
2. Suppe mit Sellerie und Minze in Gläsern anrichten

Putenspieße auf Salat:

- 800g Putenfleisch, in Streifen
- einige Blätter Kopfsalat
- 1 Gurke, geschnitten
- 2 Möhren, geschnitten
- 20 Kirschtomaten, geschnitten
- Petersilie
- 4EL Pinienkerne, angeröstet
- 8EL Olivenöl
- 4TL Senf
- 4TL Thymianblättchen

1. Senf, Thymian, 4EL Olivenöl verrühren, Fleisch damit marinieren
2. Putenstreifen auf Holzpieße aufspießen
3. Gemüse anrichten, mit Öl beträufeln, würzen, Pinienkerne darüber
4. Putenspieße gar braten, auf Salat anrichten

LowCarb-Brot mit Lachs:

- 4 Scheiben LowCarb-Brot
- 200g Räucherlachs
- 4EL Frischkäse
- etwas Zitronensaft
- Dill, Schnittlauch, Kresse, klein gehackt

1. Frischkäse mit Schnittlauch auf Brot verteilen, mit Lachs belegen
2. Mit Kräutern bestreuen und evtl. etwas Zitronensaft

Überbackene Feigen:

- 8 frische reife Feigen
- 2TL Honig
- 120g Frischkäse
- 2 Rosmarinzweige, gehackt

1. Feigen kreuzweise zu dreiviertel einschneiden, aber nicht ganz durch
2. mit Honig beträufeln, Frischkäse zwischen Feigenviertel verteilen, Rosmarin darüberstreuen
3. Auf Backblech unter Backofengrill 10min. bei 220 Grad gratinieren

Saltimbocca alla Romana:

- 8 dünne Kalbsschnitzel
- 8 Scheiben Parmaschinken
- 8 große Salbeiblätter
- 4EL Öl
- 100ml Rotwein
- Salz, Pfeffer

1. Schnitzel flach klopfen, würzen, je mit einer Scheibe Schinken und Salatblatt belegen, feststecken
2. Kurz braten, mit Wein ablöschen, zu Ende garen

Spargel-Kokos-Curry-Suppe:

- 600g Spargel, in Stücke geschnitten
- 2 Karotten, dünne Scheiben
- Halber Blumenkohl, in Röschen
- 1 rote Zwiebel, kleine Spalten
- 2EL Currypaste
- 400ml Kokosmilch
- 200ml Gemüsebrühe
- 2EL Olivenöl
- Muskat, Salz, Pfeffer

1. Zwiebeln, Spargel, Karotten, Blumenkohl in Topf mit Öl andünsten
2. Currypaste dazu, umrühren
3. Mit Gemüsebrühe ablöschen, kurz einköcheln
4. Kokosmilch dazu, 10-15min. bei mittlerer Hitze köcheln, abschmecken

Lachs auf Gurkenchips:

- 200g Räucherlachs, in 2x4cm-Streifen
- 1 Gurke, in Scheiben
- 125g Joghurt
- 2TL Senf
- 8TL Meerrettich
- 2 Zitronen
- Kresse
- Salz, Pfeffer

1. Joghurt, Meerrettich, Senf, etwas Zitronensaft vermischen
2. Auf Gurkenscheiben verteilen, zusammengeklappte Lachsstreifen darauflegen, Kresse drüberstreuen

Pfifferlingspfanne:

- 1,2kg Pfifferlinge
- 2 Zwiebeln, gewürfelt
- 2 Knoblauchzehen, gewürfelt
- Öl
- je 2 Rosmarin- und Thymianzweige
- Salz, Pfeffer

1. Zwiebeln und Knoblauch anbraten, Kräuter dazu
2. Pilze dazugeben, bräunlich braten, gemeinsam anrichten

Dessert, Kuchen & Süßes:

Schokomuffins mit Mandelmehl:

- 400g Zartbitterschokolade
- 400g Butter
- 8 Eier
- 120g Mandelmehl
- 3TL Backpulver
- Süßstoff nach Geschmack

1. Schokolade und Butter im Wasserbad schmelzen
2. Eier schaumig schlagen
3. Alle Zutaten zu konsistenter Masse verrühren
4. In Muffinformen füllen, 25 bis 30 Minuten bei 180 Grad backen

Vanille-Blaubeer-Muffins:

- 200g Mandelmehl
- 75g Butter
- 4 Eier
- 125g Blaubeeren
- 2 Salzprisen
- 1,5TL Backpulver
- Süßstoff nach Geschmack
- 0,5 Vanille-Aroma-Fläschchen

1. Eier trennen, Eiweiß mit Salz schlagen
2. Eigelb mit restlichen Zutaten verrühren, Eiweiß unterheben
3. In Muffinformen füllen, 20min. bei 160 Grad Umluft backen

Tiramisu:

- 600g Mascarpone
- 4 Eier, getrennt
- etwas Rumaroma
- 4TL Kakaopulver
- Stevia

1. Mascarpone, Eigelb, Stevia und Rumaroma schaumig rühren
2. Eiweiß schaumig schlagen, unter Mascarpone-Crème heben, mit Kakaopulver bestreuen

Erdnussbutterkekse:

- 480g Erdnussbutter
- 4 Eier
- 4TL Vanille-Aroma
- Stevia

1. Alles zu Teig verkneten
2. kleine, flache Kugeln formen, bei 180 Grad 12min. backen

Schoko-Dessert:

- 1,5 reife Avocado
- 80g Cashewmus
- 2 EL Backkakaopulver
- 2 EL Agavendicksaft
- Zimt
- 1,5 handvoll Physalis

1. Avocadofruchtfleisch und alles andere, außer Physalis, gleichmäßig pürieren
2. Mit Physalis servieren

Chiapudding mit Gojibeeren:

- 100g getrocknete Gojibeeren, gehackt
- 600ml Mandelmilch oder Vollmilch
- 14EL Chiasamen
- Mark einer Vanilleschote
- Süßstoff
- 100ml Orangensaft

1. Alles außer Orangensaft vermengen, ziehen lassen
2. Mit Orangensaft und Süßstoff abschmecken

Orange-Pistazien-Rauten:

- 1 Orange
- 0,5 Ei
- 50g Xucker
- 75g gemahlene Mandeln
- 0,5EL Pistazien, gehackt

1. 2EL Orangenschale abreiben, Saft auspressen
2. Ei und Hälfte Xucker schaumig schlagen, Mandeln und Orangenschale unterrühren
3. Teig rechteckig auf Blech mit Backpapier ausbreiten
4. 25-30min. bei 150 Grad backen
5. Restxucker und Orangensaft aufkochen, Teig in kleine Rauten schneiden, Saft und Pistazien drübergeben

Erdbeerdessert:

- 500g Erdbeeren, in dünnen Scheiben
- frische Minzblätter
- Zimt
- 1EL Xucker
- 1 Zitrone

1. Erdbeeren mit anderen Zutaten verrühren und abschmecken

Gebrannte Mandeln:

- 200g Mandeln
- 10-12EL Light-Xucker
- Zimt nach Geschmack

1. -Mandeln mit 8EL Xucker und Zimt, in geschlossenem Gefäß in Mikrowelle 2-3 Minuten auf höchster Wattzahl geben, zwischendrin umrühren
2. -Restlichen Xucker einmischen, auskühlen lassen

Erdbeer-Grapefruit-Marmelade:

- 200g Erdbeeren, klein geschnitten
- 100g Grapefruitfilets
- 100g Gelier-Xucker

1. Obst in Topf erhitzen, fein pürieren mit Pürierstab
2. Gelier-Xucker dazu, 5 Minuten kochen, noch heiß in geschlossenes Glas füllen

Avocado-Schokokuchen:

- 150g Avocadofruchtfleisch, gewürfelt
- 100ml Kokosmilch
- 75g Haselnüsse, gemahlen
- 25g Haselnüsse, gehackt
- 50g Kokosraspel
- 25g Kakaofasern oder 15g Kakaopulver
- 25g Kakaonibs
- 50g Puder-Erythrit
- 2TL Stevia-Streupulver mit Erythrit

1. Avocado, Kokosmilch, Stevia pürieren
2. Alles andere mischen und unterrühren
3. in kleine Backform mit Backpapier füllen, durchkühlen lassen

Quarkbällchen:

- 280g Quark
- 80g Eiweißpulver
- 80g Mandelmehl
- 4 Eier
- 2Pkg. Backpulver
- Vanillearoma
- 1TL Flüssigsüße
- Öl
- Süßstoff oder Puderxucker

1. Alles vermengen
2. Kleine Bällchen formen
3. Bällchen in viel Öl frittieren
4. mit Puderxucker garnieren

Low-Carb-Brownies:

- 5EL Leinsamen, geschrotet
- 250g Mandelmehl
- 50g Kakaopulver
- 2TL Backpulver
- 150g Xucker
- 100g Zartbitterschokolade
- 150g Margarine
- 1TL Zimt
- 100g Macadamianüsse, gehackt

1. Leinsamen in 200ml heißem Wasser 10min. quellen lassen
2. Mandelmehl, Backpulver und Xucker vermengen
3. Schokolade mit Margarine und Zimt schmelzen
4. Beide Mischungen, Leinsamen und Nüsse miteinander verrühren
5. Teig in Brownieform, 30min. bei 180 Grad backen

Kokosplätzchen:

- 120g Butter
- 2 Eier
- 2EL Xucker
- 100g Kokos-Proteinpulver
- 100g Kokosflocken
- 1Pkg. Backpulver

1. Butter mit Eiern vermengen, Xucker einstreuen, restliche Zutaten einrühren
2. Teig 30min. ziehen lassen, dann ausrollen, Plätzchen ausstechen, mit Kokosflocken bestreuen
3. 5-8min backen

Kokos-Obstsalat:

- 500g Obst, beliebig geschnitten
- 120g Nüsse, zerkleinert
- 120g Kokoschips
- 800ml Kokosmilch
- 1EL Honig
- 1EL Zitronensaft
- 1EL Zimt

1. Obst, Nüsse und Kokoschips vermengen, Kokosmilch drübergeben
2. Verfeinern mit Honig, Zimt und Zitrone

LowCarb-Cheesecake:

- 280g Frischkäse
- 280g Joghurt
- 50g Proteinpulver mit Geschmack (z.B. Vanille oder Schoko)
- 120g Xucker

1. Alle Zutaten verrühren, in Kuchenform füllen
2. 30-35min. bei 160 Grad Ober-/Unterhitze backen

Vanillekipferl:

- 200g Mandelmehl
- 160g Butter
- 4 Eigelb
- 100g gemahlene Mandeln
- 100g Xucker
- 2EL Puderxucker
- 1TL Backpulver
- 2MS Bourbon-Vanille, gemahlen

1. Alles außer Puderxucker vermengen
2. Erst in kleine Kugeln, dann in Kipferlform formen
3. 10min im Ofen backen
4. Mit Puderzucker bestreuen

Schoko-Schnecken:

- 250g Mandelmehl
- 40g Butter
- 80ml Buttermilch
- 120g Xucker
- 1TL Backpulver
- 1 Ei
- 3EL Kakao

1. Ei verquirlen, langsam Xucker, Mandelmehl, Butter, Backpulver und Buttermilch einrühren
2. Zu Teig kneten, in zwei Hälften trennen
3. Eine Hälfte mit 3EL Kakao vermengen, durchkneten
4. Beide Teige ausrollen, aufeinanderlegen, aufrollen, in Stücke schneiden
5. bei 180 Grad Ober-/Unterhitze 15min. backen

Ofen-Pancake-Muffins:

- 200ml Kokosmilch
- 200ml Wasser
- 4 Eier
- 90g Vanille-Eiweißpulver
- 90g Mandelmehl
- 50g Erythrit
- 1TL Backpulver
- gemahlene Bourbon-Vanille

1. Zutaten verrühren, in Muffinform geben, 10-15min. backen

Zitronencreme:

- 375g Crème double
- 75g Zucker
- 1 Blatt weiße Gelatine
- 1TL geriebene Zitronenschale
- 3EL Zitronensaft
- 2TL feine Bio-Zitronenschalenstreifen

1. Crème double und Zucker unter Rühren aufkochen, vom Herd nehmen
2. geriebene Zitronenschale und Zitronensaft unterrühren
3. Gelatine einweichen, ausdrücken, in Crème mischen
4. Kalt stellen, mit Zitronenschalenstreifen servieren

Chocolate-Chip-Cookies:

- 200g Schokolade, gehackt, zuckerfrei
- 160g gemahlene Mandeln
- 120g gehackte Mandeln
- 8EL Schlagsahne
- 4EL Butter, geschmolzen
- 4 Eier
- 2TL Natron
- Süßstoff

1. Alles außer Schokolade zu Teig verrühren, Schokostücke unterheben
2. 30min. kaltstellen, kleine Teigstücke auf Backblech verteilen, 12min. bei 180 Grad backen

Rührkuchen:

- 460g Mandelmehl
- 10 Eier
- 160g Butter
- 8EL Mascarpone
- 2Pkg. Backpulver
- 2 Fläschchen Butter-Vanille-Aroma
- Süßstoff

1. Butter cremig schlagen, restliche Zutaten langsam zugeben, verrühren
2. Mit Süßstoff süßen
3. Teig in Mini-Formen geben, bei 160 Grad Heißluft 10min. backen

LowCarb-Erdbeerkuchen:

- 100g Mandeln, gemahlen
- 200g Walnüsse, gemahlen
- 200g Erdbeeren,
- 1EL Kokosflocken
- 1 Vanilleschotenmark
- Saft einer Orange
- 6 entsteinte Datteln

1. Orangensaft, 4 Datteln und Vanille mixen
2. Nüsse und Kokosflocken dazu, verrühren, ausrollen
3. 2 Datteln und Hälfte Erdbeeren pürieren, auf Teig streichen
4. Rest Erdbeeren halbieren, auf Kuchen verteilen

Chia-Kokos-Pudding:

- 120g Chiasamen
- 1L Kokosmilch
- 300g Himbeeren
- 2 Kiwis, geschnitten
- 4-5 Minzstängel, gehackt
- 2TL Agavendicksaft

1. Himbeeren pürieren, Chiasamen in Milch verrühren, Himbeerpüree und Agavendicksaft dazu, verrühren
2. Quellen lassen, Kiwistücke und Minze drauf

Haferkleie-Heidelbeer-Muffins:

- 200g Mandelmehl
- 300g Haferkleie
- 150g Erythrit
- 4TL Stevia-Streupulver
- 2TL Backpulver
- 400g Magerquark
- 2 Eier
- 300g Heidelbeeren

1. Trockene Zutaten mischen
2. Alles andere außer Heidelbeeren dazugeben, vermischen
3. Heidelbeeren unterheben, in Muffinförmchen füllen
4. 30min. bei 180 Grad backen

Low Carb für Kinder

Impressum:

Lisa Kraus

Eichstraße 31

30161 Hannover

10535027R00023

Printed in Germany
by Amazon Distribution
GmbH, Leipzig